Matthias von Bornstädt

Affentheater an Bord

Wickie und die starken Männer
Lesen lernen
1. Klasse
ab 6 Jahren

Klett Lerntraining

Bibliografische Information der Deutschen Nationalbibliothek
Die Deutsche Nationalbibliothek verzeichnet diese Publikation in der Deutschen Nationalbibliografie; detaillierte bibliografische Daten sind im Internet über http://dnb.d-nb.de abrufbar.

Dieses Werk folgt der neuesten Rechtschreibung und Zeichensetzung.

Auflage 4 3 2 1 | 2013 2012 2011
Die letzten Zahlen bezeichnen jeweils die Auflage und das Jahr des letzten Druckes.

© 2011 STUDIO100 MEDIA STUDIO 100
www.studio100.de

© Klett Lerntraining GmbH, Stuttgart 2011. Alle Rechte vorbehalten.
www.klett.de/lernhilfen, www.diekleinenlesedrachen.de
Teamleiterin Lernhilfen Grundschule: Susanne Schulz
Redaktion: Jette Maasch
Umschlaggestaltung und Layout: Sabine Kaufmann, Stuttgart
Illustrationen: Agentur Christian Ortega, Barcelona
Satz: GreenTomato GmbH, Stuttgart
Druck: G. Canale & C. S.p.A., Turin
Printed in Italy
ISBN 978-3-12-949052-5

Inhalt

Eine putzige Überraschung	4
Affentheater	12
Der Mango-Trick	18
Starke Fragen für helle Köpfe	28
Lösungen	32

Eine putzige Überraschung

Die Wikinger aus Flake
sind auf dem Weg nach Hause.
Bis an die Küste Afrikas
waren sie gesegelt.

An Bord lagern große Kisten mit leckeren Südfrüchten.

Plötzlich dringt aus einer Kiste ein merkwürdiges Quieken.

Wickie hört es als Erster.
Vorsichtig öffnet er die Kiste.
Was hüpft ihm da entgegen?
Ein putzmunteres Äffchen!

Wickie macht große Augen.
„Du hast dich wohl heimlich
an Bord geschlichen",
vermutet er.

Da tritt Snorre neugierig hinzu.
Sofort fiepst das Äffchen:
„Snirr! Snirr!"
und springt auf Snorres Arm.

„Hörst du das, Wickie?
Der Knirps heißt Snirre!",
grinst Snorre.
„Wir sind Namensvetter!"

Begeistert fängt Snorre an,
mit Snirre zu spielen.
Sie hüpfen und toben,
bis plötzlich Tjure auftaucht.

Tjure verwickelt Snorre
in eine kleine Rauferei.
Denn für putzige Äffchen
hat er nicht viel übrig.

Affentheater

Snirre kratzt sich am Kopf.
Keiner beachtet ihn mehr.
Das ist ihm zu dumm.
Schnell turnt er davon.

Er klettert zum Ausguck,
wo Gorm sich gerade langweilt.
Als das Äffchen ihn besucht,
ist Gorm äußerst entzückt!

Doch nur Minuten später
erscheint der empörte Snorre:
„He, du Affendieb!", ruft er.
„Rück meinen Snirre heraus!"

Aber Gorm erwidert trotzig:
„Der Affe bleibt bei mir,
ich kümmere mich um ihn!"
Ein heftiger Streit bricht aus.

Wickie und sein Vater Halvar eilen besorgt herbei.
Halvar poltert ärgerlich:
„Schluss mit dem Theater!"

Er schnappt sich Snirre, setzt ihn in ein großes Fass und verordnet kurzerhand: „Affen-Hausarrest!"

Der Mango-Trick

Wickie tut das Äffchen leid.
Er denkt nach.
Dabei isst er genüsslich
eine saftige Mango.

„Ich hab's!", ruft er plötzlich.
Mit Mangosaft malt er heimlich
kleine Punkte auf Snirres Fell.
Dann ruft er Gorm und Snorre.

Als Snorre die Punkte sieht,
stutzt er und fragt besorgt:
„Was ist denn das?
Hat Snirre etwa Windpocken?!"

„Ich tippe auf Streitflecken",
flunkert Wickie.
„Die bekommen Affen nämlich,
wenn so ein Gezänk herrscht!"

Von Streitflecken
haben Snorre und Gorm
noch nie etwas gehört.
Aber sie glauben Wickie sofort!

Kleinlaut geloben sie:
„Ab jetzt spielen wir
alle zusammen mit Snirre.
Ganz ohne Streit!"

Wickies Plan ist aufgegangen:
Der Streit ist aus der Welt.

Etwas später wäscht er froh
die Mangoflecken wieder ab.

Danach tobt Äffchen Snirre mit Tjure, Snorre und Wickie gemeinsam übers Deck.

Die Männer setzen ihn ab
und winken ihm wehmütig nach.
Noch lange werden sie sich
an das Äffchen erinnern.

Starke Fragen für helle Köpfe

1 Wohin sind die Wikinger gesegelt?
- [ ] bis nach Asien
- [ ] bis nach Afrika
- [ ] bis nach Amerika

2 Wo entdeckt Wickie Snirre?
- [ ] in einem Fass
- [ ] in einer Kiste
- [ ] auf einer Insel

Wieso sind Snirre und Snorre Namensvetter?
☐ weil Snirre und Snorre miteinander verwandt sind
☐ weil der Mensch vom Affen abstammt
☐ weil ihre Namen ähnlich sind

 Wie heißt Snorres Kumpel?
☐ Tjure
☐ Fjure
☐ Pjure

Wie fühlt sich Gorm, als Snirre bei ihm auftaucht?
☐ beglückt
☐ entzückt
☐ verrückt

Warum streiten Gorm und Snorre?
- ☐ weil es ihnen Spaß macht
- ☐ weil jeder das Äffchen für sich haben will
- ☐ weil sie das Äffchen nicht möge[n]

 Wieso verordnet Halvar Affen-Hausarrest?
- ☐ um Snirre zu bestrafen
- ☐ damit sich niemand mehr um Snirre streitet
- ☐ weil Snirres Streitflecken vielleicht ansteckend sind

 Warum malt Wickie Punkte auf Snirres Fell?
- ☐ Er möchte Snirre verschönern.
- ☐ Er möchte eine Krankheit vortäuschen.
- ☐ Er will Snorre und Gorm eine Freude machen.

9 **Wie könnte Wickie noch dafür sorgen, dass Snirre krank aussieht?**
- ☐ indem er ihm seinen Helm aufsetzt
- ☐ indem er ihm einen Verband anlegt
- ☐ indem er ihm ein Fähnchen um den Schwanz bindet

10 **Warum setzen die Wikinger Snirre auf einer Insel ab?**
- ☐ Dort wohnen viele Affen.
- ☐ Dort gibt es Bananen.
- ☐ Dort macht Snirre keinen Ärger.

Lösungen

1. bis nach Afrika
2. in einer Kiste
3. weil ihre Namen ähnlich sind
4. Tjure
5. entzückt
6. weil jeder das Äffchen für sich haben will
7. damit sich niemand mehr um Snirre streitet
8. Er möchte eine Krankheit vortäuschen.
9. indem er ihm einen Verband anlegt
10. Dort wohnen viele Affen.

Lesen lernen mit dem Schulbuchprofi ...

... und Wickie mit starken Fragen für helle Köpfe

... und den kleinen Lesedrachen mit Sachwissenposter von GEOlino

Üben mit Wickie, dem cleveren Wikinger

© 2011 STUDIO100 MEDIA www.studio100.de

Viele weitere Titel sind im Buchhandel erhältlich.   www.klett.de/lernhilfen